AF601205

LA

CONVERSION

DE

MLLE DE ROANNEZ

CONFÉRENCE PUBLIQUE

Faite à Pau le Jeudi 27 Février 1879

PAR

G. LYON

PAU
IMPRIMERIE VERONESE
1879

LA CONVERSION

DE

MLLE DE ROANNEZ

MESDAMES, MESSIEURS,

Avant d'entreprendre cette étude, permettez-moi de vous demander grâce pour l'austérité de mon sujet. Mon excuse, je n'ai du reste pas eu la peine de la chercher ; l'un de mes auditeurs présents me l'a, hier même, à son insu, fournie : nous inaugurons aujourd'hui le Carême. — Cette conférence sera donc pour vous, Mesdames et Messieurs, un premier moyen de mortification.

En 1656, au plein cœur de querelles théologiques ardentes, il se produisit à Paris un fait merveilleux qui frappa vivement toutes les imaginations : ce fut le miracle de la Sainte-Epine Un prêtre avait fait don à la chapelle de Port-Royal d'une épine de la sainte couronne et l'épine fut exposée dans un reliquaire. La nièce de Pascal, alors âgée de dix ans, qui était affligée d'un ulcère lacrymal déclaré incurable, s'approcha du reliquaire, se mit à prier ; elle se releva guérie. L'éclat de cet évènement fut immense et le reliquaire miraculeux devint un but de pélerinage. Nombre de pieuses retraites se firent, et nombre de vocations religieuses se décidèrent. C'est ce qui arriva pour une jeune fille de haute naissance, Mlle de Roannez.

« Le dernier jour de sa neuvaine, nous dit Margue-
» rite Périer, elle fut touchée de Dieu si vivement que
» durant toute la messe elle fondit en larmes. Madame
» sa mère, qui y allait tous les jours avec elle, fut
» surprise de la voir en cet état. Mlle de Roannez la
» pria de ne pas sortir si tôt de l'Eglise. Enfin, en étant
» sortie et retournant chez elle, elle témoigna à Ma-
» dame sa mère qu'elle voulait se donner à Dieu. Elle
» resta quelques jours chez elle et ensuite elle s'é-
» chappa un matin et alla à Port-Royal demander à
» y être reçue. »

Tel est, dans sa simplicité, le récit de Marguerite Périer. Jusqu'à ces derniers temps, la critique avait passé outre. Ce que fit Mlle de Roannez, vingt autres l'avaient fait aussi ; l'illustration de son nom, était-on tenté de croire, lui avait seule valu d'être ainsi tout spécialement désignée. Mais une découverte, dûe à Victor Cousin, est venue changer les choses et présenter sous un nouveau jour ce qui n'avait jusqu'alors paru qu'un incident sans importance. Cette découverte est celle des lettres de Pascal à Mlle de Roannez.

Les lettres sont au nombre de neuf. Elles étaient perdues dans le pêle-mêle de la première édition des Pensées et personne n'avait, avant M. Cousin, songé à les y remarquer. Ce qui avait contribué à cet effacement, c'était l'anonymat gardé par Pascal. Rarement il s'adresse à Mlle de Roannez directement ; presque toujours il semble parler d'une tierce personne qu'il aurait seule en vue : Il l'appelle « la personne que vous savez » — ou encore « la personne du miracle. » Dans la crainte que ses lettres ne fussent surprises, Pascal avait cru prudent de les rendre intelligibles pour celle-là seule à qui il les adressait.

Pour une critique attentive, ces lettres, si longtemps ignorées, sont la plus précieuse des trouvailles. Nous y voyons que le fait si simple rapporté par Marguerite Périer, était un grave évènement préparé de longue main. La *Conversion* de Mlle de Roannez, pour nous servir des expressions consacrées par Port-Royal, ne fut nullement spontanée et soudaine, comme on pourrait le croire. Il y eut là un véritable complot, ou pour employer un mot plus respectueux, il y eut là tout un plan depuis longtemps médité. Mieux encore, ce fut un drame secret, sans violence, mais non sans douleurs et sans larmes. Ce drame, nous ne pourrions le comprendre, si nous n'en connaissions déjà les deux acteurs, Mlle de Roannez et Pascal. Mais derrière ces deux acteurs il en est un autre qui les domine, actif et impérieux, bien qu'impersonnel et muet. On a dit de la tragédie d'Athalie que le principal personnage en était Dieu lui-même, Dieu dont l'action invisible et présente ne cesse de se faire sentir dans les moindres incidents de la pièce. De même on pourrait dire que si les lettres de Pascal révèlent un drame, le personnage qui en est l'âme, celui dans la main de qui Pascal lui-même n'est qu'un instrument, c'est Port-Royal.

Qu'est-ce que Port-Royal ?

I

PORT-ROYAL.

Le monastère de Port-Royal n'avait jusqu'au XVIIe siècle, rien offert d'exceptionnel. La papauté d'une part, la royauté de l'autre, lui avaient conféré des priviléges. Et la communauté, ni plus ni moins irréprochable que tant d'autres, avait eu ses alternatives de rigueur et de relâchement.

Au début du XVIIe siècle l'avénement d'une abbesse nouvelle fut le signal d'une définitive métamorphose. Une jeune fille, de riche et considérable famille bourgeoise, la famille des Arnauld, devenue abbesse, imposa une discipline d'une austérité inconnue. Ce fut la célèbre mère Angélique. Elle se tint morte pour le monde et la communauté fut enserrée d'un mur infranchissable. Vainement, en un jour demeuré légendaire à Port-Royal (la journée du *guichet*), son vieux père tenta de pénétrer jusqu'à elle pour l'embrasser et l'entretenir une dernière fois. Elle résista aux plus énergiques comme aux plus tendres sommations. Les plaintes et les reproches éplorés mêmes ne parvinrent pas à la vaincre ; un moment dans l'excès de sa douleur, elle se sentit défaillir et tomba sans connaissance, mais son corps seul fléchit, son âme ne céda pas.

De ce jour, Port-Royal fut fondé. Ce monastère devint le rendez-vous de toutes les désabusées des joies du monde, de toutes celles qui n'aspiraient qu'à vivre de privations, de larmes et de pénitence. La mère Angélique et ses compagnes se firent un tel renom de sainteté qu'à leur passage chacun s'agenouillait et que leur seule présence était réputée une source de bénédictions pour les populations avoisinantes. Les vocations se multipliaient. Ce furent d'abord les sœurs mêmes de Mlle Arnauld devenue la mère Angélique, qui donnèrent le branle, en premier lieu celle qui devait laisser à son tour un nom illustré par sa grandeur de caractère et sa piété, la mère Agnès ; enfin la dernière des trois en âge, non en vertu, la sœur Anne-Eugénie. C'est ainsi que le vide se faisait dans la famille Arnauld : toutes les résistances furent inutiles. Alors même que par une dernière concession faite aux prières des siens, la jeune Anne-Eugénie se laissait entraîner dans le monde, ses yeux étaient fermés à l'éclat des fêtes ; elle se faisait comme une retraite intérieure où son esprit s'écartait de toutes ses fausses joies pour se repaître de joies plus pures. Sa pensée s'élançait dans l'éternité. Alors que les lumières, les glaces et les draperies éblouissaient tout le monde, son âme, nous dit-elle ingénûment, prenait en mépris toutes ces fausses splendeurs et leur opposait les richesses et les grandeurs du Paradis. Ainsi fit la jeune Arnauld ; ainsi firent bien d'autres jeunes filles pour qui l'excès même dans la mortification et l'anéantissement de soi était une séduction de plus. Pauvreté, prière, silence, ainsi pouvait se définir la vie nouvelle adoptée par ces mondaines jusqu'alors si répandues et si brillantes. Tout était en commun ; le superflu appartenait aux pauvres et aux enfants que les religieuses faisaient élever. L'édification était grande et il se dégageait de ce monastère un pur parfum de piété et de désintéressement. Peu à peu les plus grands noms du royaume s'inscriront à Port-Royal : la future reine de Pologne (princesse Marie) la nièce même du chancelier Séguier (duchesse de Luynes). Du plus loin qu'il apercevait ces files de religieuses que l'on reconnaissait à leurs croix rouges sur leurs longues robes blanches, le peuple s'inclinait Une sorte d'auréole entourait leurs fronts. Elles étaient, nous dit la mère Angélique, plus brillantes de charité que les cierges qu'elles tenaient dans leurs mains.

Dans le même temps et à côté des sœurs de Port-Royal des religieux entraient en communauté. La sanctification avait gagné jusqu'aux hommes. Dans la famille Arnauld, cette famille de Macchabées, comme on l'a appelée, l'exemple vint des filles et fut suivi par les fils. Une sorte d'émulation dans l'austérité et le renoncement s'empara des frères de nos héroïnes ; tous vinrent, comme à la file, abdiquer à Port-Royal leurs rêves de gloire et de fortune pour se donner au recueillement. Ce furent les premiers solitaires qui se grossirent bientôt des plus brillantes recrues. Citons quelques-unes des plus illustres : le grand avocat Le Maître s'arrachant au barreau, en pleine gloire et comme à son midi ; un intrépide capitaine tel que de Sercourt venant expier dans la solitude un sanglant mais loyal duel auquel il s'était laissé entraîner ; un gracieux érudit, tel que Lancelot, déjà la fleur de l'Ecole ; enfin un dialecticien d'une infatigable puissance comme d'une inépuisable subtilité, celui que le grand siècle lui-même appelait le grand Arnauld. Que d'autres nous pourrions citer encore ! Mais il faut se borner. De même que la beauté, la noblesse venaient s'enfouir à Port-Royal des femmes ; à Port-Royal des hommes, science, illustration, valeur, fortune, génie venaient s'abîmer. Et désire-t-on connaître à quel genre de pénitence se condamnaient ces solitaires ? A bêcher le jardin, à réparer les cloisons. Que dis-je ? A faire eux-mêmes leurs lits ; à laver la vaisselle ; à fabriquer même des souliers pour les religieuses. Qu'on nous permette à ce sujet de dérider notre récit par un joli mot de l'abbé Boileau à un père qui plaisantait Pascal et soutenait que Pascal même avait fait des souliers. « Je ne sais, répondit l'abbé, si M. Pascal a fait des souliers ; dans tous les cas, avouez qu'il vous a porté de fameuses bottes.» Si Pascal ne s'est point astreint à ce genre de pénitence, du moins il en est d'autres qu'il ne s'est pas épargnés : témoin cette ceinture hérissée de clous dont les secrètes morsures le rappelaient à la souffrance et au repentir.

Tout était donc réuni à Port-Royal pour faire de ce monastère un double sanctuaire de sainteté. Mais alors d'où vient le discrédit dans lequel l'institution est peu à peu tombée ? Que les gens du monde se soient détournés de ce groupe maussade et grondeur, leur légèreté et leur vanité ne l'expliquent que trop. Mais comment faire entendre que pour l'Eglise même le souvenir de Port-Royal éveille des idées de perdition et d'hérésie ? Disons-le : c'est que ces solitaires, de toute origine, comme de tout sexe, eurent beau chercher à étouffer en eux le vieil homme, dans toutes ces âmes, si vigoureuses, si patientes, un malin génie résidait, qui réduisait à néant tous les travaux, toutes les mortifications : le génie de l'orgueil. C'est ce démon « de la superbe » que le poète Milton nous montre dans son Paradis Perdu planant sur tous les autres et se tenant à l'écart du monde, pour disserter et dogmatiser. L'ange de l'orgueil planait de même sur Port-Royal.

Ce n'est pas qu'individuellement nos solitaires méritassent un tel reproche. Il est impossible de mieux déprimer en soi-même l'esprit de vanité que ne le firent les Singlir, les Le Maître, les de Sacy. Mais autre chose est l'humilité personnelle, autre chose l'humilité collective. Les solitaires étaient modestes.

Port-Royal ne l'était pas. Je ne sais si tous auraient dit : Périsse Port-Royal, pourvu que l'Eglise soit sauve ! — Ce qui manquait à l'institution, c'était la vertu catholique par excellence : l'humilité. Port-Royal n'était ni humble d'esprit ni humble de cœur.

L'humilité du cœur, Port-Royal en était que trop dépourvu. Tous ces grands esprits qui semblaient s'être donné rendez-vous dans la même retraite étaient comme des religieux à part. Il y avait là une sorte d'Académie de la Pénitence. Que devaient dire, ou tout au moins que devaient penser d'autres religieux qui voyaient tel de leurs fidèles, presque toujours le plus en vue, les délaisser pour se jeter dans les bras du directeur du Port-Royal, l'abbé de St-Cyran. On ne saurait s'imaginer la séduction personnelle que, par la grandeur de son caractère, l'abbé de St-Cyran exerça. Il fit à lui seul bien plus pour la grandeur de la communauté que tous les autres solitaires ensemble. Et il fallait certes que son influence parût bien usurpatrice pour qu'un Vincent de Paul, emblême de douceur et de charité, soit allé jusqu'à dire que « St-Cyran était un homme dangereux. » Ce mot même de *conversion* employé par Port-Royal pour désigner la vocation des nouveaux venus à Port-Royal était souverainement injurieux pour les autres institutions religieuses. Un prêtre entrant à Port-Royal était dit « se convertir. » C'est que Port-Royal était comme une catholicité nouvelle; une église dans l'église; c'était dans la chrétienté l'arche sainte, seul refuge qui préservât du naufrage.

L'humilité de l'esprit ! Peut-être était-elle moindre encore. Ce fut la destinée du Port-Royal de subtiliser, de dogmatiser sans cesse. Au lieu de cette foi soumise qui demeurera la vertu monastique entre toutes, religieux et religieuses passaient leur temps à disserter, à distinguer, à raisonner. De là l'hérésie dont le souvenir est demeuré lié au souvenir même de Port-Royal, le Jansénisme. L'abbé de St-Cyran était uni de cœur et d'esprit avec l'évêque d'Ipres, Jansénius. Un ouvrage de cet évêque, l'Augustinus, ouvrage adopté par St-

Cyran et reçu comme classique à Port-Royal, fut traduit en cour de Rome et condamné. L'hérésie Janséniste devint l'objet de discussions interminables : on pourrait la résumer à ces termes : Il n'est point mort pour tous les hommes. La grâce édifiante n'est accordée qu'à un petit nombre. Conséquence sous-entendue : de ce nombre est Port-Royal même. C'est ainsi que dans le dogme qui fait l'essence de l'hérésie Janséniste réapparaît l'orgueil initial. Il faut donc venir à Port-Royal chercher la grâce. Il faut se jeter entre les bras de M. de St-Cyran, le dispensateur souverain de cette grâce. N'est-ce pas ce que lui-même entendait quand il disait : sur mille prêtres, il y en a à peine un de bon ? Celui-là qui pouvait-ce être, sinon M. St-Cyran lui-même ?

Ainsi, orgueil du cœur, orgueil de l'esprit, telle fut, comme, dans un beau fruit, la tâche secrète, qui s'étendant à la longue, finit par gâter (catholiquement parlant) Port-Royal. Cependant les solitaires ne furent pas explicitement excommuniés.

Les propositions de Jansénius furent condamnées à Rome; un livre même de la mère Agnès, (car tout le monde s'en mêlait), *le Chapelet Secret*, fut censuré; un livre d'Arnauld fut aussi censuré en Sorbonne. A plusieurs reprises, l'autorité s'en mêlant, les solitaires durent se cacher pour éviter la prison, encore ne l'évitèrent-ils pas toujours. Cependant Port-Royal ne fut jamais ouvertement hérétique. On se soumit, on signa les censures avec des réserves et des réticences. De là l'irritation ressentie par les adversaires du Jansénisme: c'est la pire des hérésies, disaient-ils, en ce qu'elle n'est point déclarée. Les Jansénistes sont des hérétiques qui veulent à tout prix se prétendre orthodoxes. — Et c'est ainsi que le Jansénisme a traversé les siècles, ni entièrement élu, ni absolument réprouvé. On a dit de certains partis ou de certains hommes : *plus papistes que le Pape* ; les Jansénistes auraient volontiers dit : *papistes malgré le Pape.* Que dis-je ? De nos jours mêmes il existe un ordre religieux Janséniste, et si ce souvenir personnel m'était permis, je pourrais citer tel grand établissement d'instruction où le soin des malades est confié à deux bonnes sœurs qui pratiquent naïvement les plus pures vertus chrétiennes, que leur inaltérable dévouement fait aimer de tous, et qui sont deux religieuses de Port-Royal (le lycée Louis-le-Grand).

Mais en l'année 1656, la tolérance moderne était inconnue. Les censures qui venaient de se succéder contre le Jansénisme avaient mis les solitaires en grand péril. Aux condamnations ecclésiastiques s'étaient jointes les proscriptions royales. La destruction du monastère, le bannissement ou la captivité des principaux solitaires étaient inévitables, quand un double évènement vint subitement suspendre toutes les colères, et donner à Port-Royal une victoire momentanée : la publication des lettres Provinciales; — le miracle de la Ste-Epine. Les lettres Provinciales où les adversaires des Jansénistes étaient si cruellement bafoués, en mettant les rieurs du côté de Port-Royal, assuraient la victoire aux yeux du monde.— Le miracle, (si contesté depuis, alors presque universellement accrédité) c'était la victoire aux yeux de l'Eglise.

Le retour de la faveur publique ne se fit point attendre longtemps. La cour même, jusque là hostile, fut ébranlée, presque gagnée. Mais Port-Royal voulait plus encore. Un gage de ce revirement devenait nécessaire. Si jamais Port-Royal désira se conquérir une adepte illustre dont le nom pût être jeté à la face de ses ennemis, ce fut à ce moment là. Sur les entrefaites s'offrit Mlle de Roannez.

L'occasion était inespérée. Que l'on y songe. Mlle de Roannez portait le plus beau nom du royaume, si l'on excepte les princes du sang. Sa conversion ne pourrait manquer de produire un effet immense. Mlle de Roannez entrant à Port-Royal, n'était-ce pas le monde donnant raison aux persécutés, n'était-ce pas tout ce qu'il y avait de plus relevé dans le royaume avouant, proclamant la sainteté de la cause janséniste? Aussi que n'entreprit-on point pour se gagner cette néophyte de 23 ans, noble, belle et riche ? Mais elle, avec ce timide bon sens si facile à alarmer, avec ces pressentiments de mille sortes qui nous assaillent si souvent, au moment d'accomplir une démarche d'où notre destinée peut dépendre, voulait, puis ne voulait plus, redoutant les plaintes d'une mère, les reproches de tous les siens. Pour vaincre cette faible nature, il fallut le grand soldat du Jansénisme. Pour une heure, Pascal se détourna de sa lutte contre les Jésuites et il écrivit les lettres à Mlle de Roannez. Ne croirait-on pas voir, pour parler comme les anciens, Hercule vainqueur des géants oublier Antée pour surprendre et écraser le faible et doux Hylas ?

Mais Pascal lui-même, cet obéissant ministre du plan Janséniste, à quel mobile cédait-il donc ? Quel était l'état de son âme à l'époque où nous sommes ? Un coup de crayon nous fera saisir les principaux traits de cette figure.

II

PASCAL.

C'était, a-t-on dit, une théorie chère à Gœthe que presque toujours une époque, une école, au point de sa maturité, parfois de son premier déclin, se résume et se concentre en un individu exceptionnel, qui en réunit tous les traits saillants et peut être considéré comme la vivante personnification de tout un groupe. L'exemple le plus éclatant que Gœthe aurait pu apporter à l'appui de cette loi est certainement celui de Pascal. Pascal, c'est Port-Royal tout entier, dans son imposante grandeur, avec un éclat nouveau. Pascal est le Jansénisme fait homme.

Tout a été dit sur Pascal ; peu de vies ont été examinées, sondées à fond comme la sienne. C'est que dans toute notre littérature, il n'est peut-être aucun écrivain pour saisir à ce point l'imagination ou émouvoir comme lui le cœur. Dans cette courte existence, rien qui ne soit extraordinaire. Tout enfant, une sorcière jette sur lui un sort : de là, au dire de quelques superstitieux, la fatalité qui pesa sur sa vie ; de là, les maux sans nombre qui brisèrent son corps. Tout le monde connaît l'anecdote qui révèle son génie naissant, et comme Hercule enfant, rompant tous les liens. On lui interdit les livres de géométrie ; il la devine. Son père le surprend dans sa découverte et pleure d'admiration : il en est, nous dit Marguerite Périer, épouvanté et court avec effroi raconter le fait à un ami. — On le laisse enfin s'adonner aux sciences ; mais il devance ses études. Il invente à l'âge où les autres apprennent. Comment donc en vint-il à laisser là ses découvertes pour se jeter à corps perdu dans la théologie ?

Tout adonné qu'il était aux recherches scientifiques, Pascal n'était pas pour cela insensible au monde et à ses plaisirs. Pendant quelque temps même, il mena une vie fort brillante. Il s'entoura d'un si grand luxe qu'à une certaine époque ses revenus propres ne suffirent pas à soutenir son train de vie. Il était sans doute un des beaux d'alors. Mais la grâce, selon l'expression de Port Royal, cette grâce qui survient à l'improviste, comme un voleur, vint le surprendre. Déjà du reste ses pensées avaient été éveillées sur l'infirmité de ce monde ; déjà ses plus chères études lui avaient paru bien creuses et bien vaines et il s'était senti attiré vers des fins plus hautes. Dès 1646, deux médecins amis de Port Royal étaient venus traiter M. Pascal père, blessé ; ils prêtèrent au fils des livres jansénistes qui lui laissèrent une impression profonde. Dans ces livres, en effet, Pascal voyait énergiquement flétrie « cette » curiosité palliée du nom de science, qui est à l'esprit » ce qu'est au corps la concupiscence de la chair ; — » cette recherche des secrets de la nature qui ne nous » regardent point, qu'il est inutile de connaître et que » les hommes ne veulent savoir que pour les savoir » seulement. » (Jansén.) Aux études abstraites, il commença à préférer l'étude de l'homme moral. « Quand » j'ai commencé, nous dit-il lui même, l'étude de » l'homme moral, j'ai vu que ces sciences abstraites

» ne lui sont pas propres et que je m'égarais plus » de ma condition en y pénétrant que les autres en les » ignorant. » Déjà, sa sœur Jacqueline, que son précoce talent poétique avait posée à la Cour même en petite merveille, avait pris le voile à Port-Royal ; déjà elle avait entrepris de catéchiser son frère quand un évènement imprévu vint précipiter la conversion.

Un jour que Pascal longeait les bords de la Seine dans son fringant équipage à six chevaux (le roi seul en avait huit) à la hauteur du pont de Neuilly, les chevaux s'emportèrent. Il n'y avait point de garde-fou ; les premiers chevaux étaient précipités, l'équipage allait l'être quand, par un bonheur inespéré, les traits rompirent et la voiture s'arrêta sur le bord. Pascal était sauvé. Mais, de ce jour, il ne cessa de se représenter l'abîme béant dans lequel il avait failli s'engloutir. L'image de la mort, du jugement, de l'enfer, vint assiéger sa pensée. Il n'eut désormais plus que des projets de pénitence et se plongea dans une absorbante dévotion. Un parchemin cousu à ses plus cachés vêtements conservait en termes ardents la mémoire de ce jour : ce billet que nous avons conservé est saisissant (1654). Citons-en quelques fragments épars : « Oubli » du monde et de tout, hormis Dieu... Joie, joie, pleurs » de joie... Mon Dieu, me quitterez vous ? — Que je » n'en sois pas séparé éternellement... Jésus-Christ.— » Jésus-Christ. — Je m'en suis séparé. Je l'ai fui, re» noncé, crucifié. Que je n'en sois jamais séparé ! »

Dans cet état d'esprit, la retraite de Pascal à Port-Royal ne faisait plus question. Il devint bien vite un des assidus du Désert. On sait comment il intervint dans la querelle du Jansénisme ; l'appoint de sa raillerie, de son éloquence suffit à déplacer la victoire. Suivant le vers de Virgile, si le Jansénisme eût pu triompher, ç'aurait été par la main de Pascal.

Pascal est Port-Royal fait homme. Il personnifie le Jansénisme dans son incurable faiblesse, comme dans sa plus haute vertu. La faiblesse de Port-Royal, ç'aura été l'amour passionné de la controverse ; sa vertu, ç'aura été l'abandon de soi-même et l'amour de la pénitence poussé à l'intrépidité.

L'amour de la controverse, qui donc l'eût plus que Pascal, lui dont la rapide existence ne fut qu'une longue bataille ou contre les autres ou contre soi ? La nature l'avait fait du reste querelleur. Il ne faut pas se représenter Pascal, doux et patient. Il était « bouillant » au contraire (ce sont les propres paroles de son père dans une lettre), il était facile à l'emportement. Marguerite Périer rapporte qu'un homme qui ne l'avait vu qu'en passant le jugea prompt à se mettre en colère et crut qu'il allait jurer. Pascal jurer ! Au besoin même, il aurait été tracassier. C'est ainsi que quand sa sœur Jacqueline se décida à prendre le voile, Pascal qui appartenait alors au monde, employa mille chicanes, la menaça même d'un procès, pour l'empêcher de prendre quoi que ce fût de son bien propre, « me réduisant ainsi, écrivit-elle, à une petite « somme d'argent que j'avais fait venir avant ma vê« ture et qu'ils ne savaient pas que j'avais employée « par avance à quelques charités ; aussi la douleur « que j'en ressentis fut si violente que je ne puis assez « m'étonner de n'y avoir pas succombé.» Plus tard ce sera l'inverse et il se répandra en amers reproches contre ceux des siens qui préféreront à la retraite la famille et la vie mondaine.— Mais, en Pascal, ce n'est pas le caractère seul qui est disputeur, c'est l'esprit même. La controverse, voilà son élément. Il est, pour la lutte, un Arnauld, avec l'étincelle du génie en plus. C'est ainsi que, dans le même temps, il lancera contre les Jésuites ses Provinciales, il méditera déjà le plan d'un grand ouvrage pour terrasser le libre penseur, il argumentera contre la timide sœur de son ami, le duc de Roannez, pour la convertir. Et ce lutteur ne se serait pas incliné, lui, devant la Cour Romaine. Maintes pensées en font foi : « Si les hommes se taisent, les pierres parleront.» A son lit de mort, il déclare que si les Provinciales étaient à refaire, il les referait plus dures. Pascal est mort à temps pour la catholicité. Châteaubriand a dit : Je tremble à la pensée d'un Pascal vivant de nos jours.— Il eût pu dire : on tremble à la pensée d'un Pascal vivant quelques années de plus.

Mais si Pascal avait la passion de la dispute, en retour, comme il avait le culte de la pénitence ! Souffrir était sa joie. Et sa vie fut partagée entre ces deux choses : la discussion et la douleur. Il fut plus extrême dans la pénitence même que le grand pénitent, Le Maître. En cela, du reste, il était aidé par la maladie, car il a dit lui-même n'avoir pas, depuis l'âge de 19 ans, passé une journée sans douleurs. Et ces douleurs allèrent empirant. Il sentait sa tête éclater, un feu intérieur, dit Ste-Beuve, brûlait ses entrailles; ses jambes étaient froides et paralysées. Jamais il ne s'était trouvé plus heureux. C'était vraiment là, disait-il, la condition naturelle à un Chrétien. Et il pensait au crucifié. Ses douleurs, il eût voulu les aggraver encore. Vers la fin de sa vie, il ne pourra même souffrir les soins de ceux qui l'entourent, il suppliera jusqu'aux larmes qu'on amène à côté de lui un pauvre aussi malade que lui et qui soit l'objet des mêmes traitements. — Plus de luxe; plus même de propreté. Au point que lui qui, jadis, aimait tant « l'excellence » se fera railler par sa sœur de son dédain pour les préoccupations communes, dédain qui « lui fait mettre un balai au rang des meubles superflus.» Enfin, lui, si tendre de nature, ne pouvait souffrir jusqu'à l'apparence d'une innocente affection. Il se montrera, de dessein délibéré, froid pour les siens; les innocentes caresses d'une mère à son enfant lui seront insupportables. Le détachement du monde, il le veut complet, inexorable. Ni amitié, ni soins, il ne veut rien des hommes. Il ne veut se repaître que de la souffrance . C'est ainsi qu'il s'achemine à la mort avec joie, d'autant plus heureux que ses tortures augmentent. Cette volupté dans la douleur est précisément ce qui nous attire, nous spectateurs, nous curieux. Comme l'a dit un brillant écrivain contemporain, lui-même trop tôt ravi à la gloire, Prévost-Paradol, en étudiant Pascal, nous ressemblons à ces Romains raffinés qui se plaisaient à contempler sur les murènes les nuances changeantes de la mort.

Quel apôtre plus puissant, plus irrésistible, Port-Royal pouvait-il donc choisir pour forcer le cœur de la néophyte convoitée ! Pascal convertissant à la pénitence ! Quel tentateur ! Pascal conquérant une âme pour Port-Royal, lui qui n'était que Port Royal même, plus terrible peut-être, mais aussi plus séduisant, plus brillant de toutes les grâces de la jeunesse, du génie et de la gloire ! Quelle force ne faudrait il pas pour résister à tant d'armes ! Cette force, Mlle de Roannez est-elle de taille à la posséder ?

III

Mlle DE ROANNEZ

De Mlle de Roannez nous ne savons malheureusement que bien peu de chose. Son nom a survécu, grâce surtout à l'intime amitié qui unissait Pascal à son frère. Si Pascal fut comme chargé d'emporter de haute lutte la sœur, on peut dire que par le frère il avait déjà un pied dans la place. Le duc de Roannez fut pour lui un ami de tous les instants, l'ami des bons comme des mauvais jours, un compagnon de plaisirs, comme ensuite un compagnon de pénitence. Quand Pascal soudainement eut pris la résolution de se retirer au Désert, et cela en pleine effervescence mondaine, à la veille même d'entreprendre avec son ami un long voyage, le bon duc, sur la nouvelle de cet abandon, fut pris de désespoir et versa des larmes. Peu de temps après, il suivait l'exemple donné et se retirait à son tour. Rien ne put le retenir. Jusqu'alors il avait ardemment désiré la main d'une riche jeune fille, sans espoir de l'obtenir. Aussi quelle ne fut pas la surprise de son oncle et de tous les siens quand on apprit qu'il avait spontanément refusé cette même jeune fille, que l'on était venu proposer pour lui ! Il avait répondu que sa résolution était irrévocablement prise de se donner à Dieu ; c'était le fruit des conseils de Pascal. De là grandes colères contre ce dernier. Marguerite Périer rapporte même dans ses mémoires que la concierge de l'hôtel de Roannez fut, à la nouvelle de ce refus, transportée d'une telle exaspération contre Pascal qu'elle entra dans sa chambre avec un couteau pour le tuer. Par bonheur, elle ne l'y trouva pas. Le duc de Roannez demeura ainsi attaché à son ami, dans la pénitence et cela jusqu'à la mort. Que dis-je ? Au-delà de la mort même. Car en tête des noms de ceux qui recueillirent et rangèrent pieusement les pensées éparses du grand solitaire, se trouve le sien.

L'exemple de son frère avait dû fortement agir sur Mlle de Roannez. Cependant, comme on disait à Port-Royal, la grâce n'avait pas encore produit sur elle tous ses effets : elle se contentait de servir Dieu dans son cœur. Elle songeait même à se marier, recherchée qu'elle était, nous dit Marguerite Périer, par bien des personnes. Déjà un homme de qualité, le duc de la Feuillade, allait l'obtenir, lorsqu'en 1656, peu de temps après le miracle de la Ste-Epine, à la suite d'une neuvaine qu'elle avait faite à Port-Royal, le coup de la grâce se fit sentir en elle et la résolution de prendre le voile commença à poindre dans son âme. C'était cette résolution sainte qu'il fallait encourager et fortifier. Au mariage il fallait disputer cette précieuse proie.

Aussi bien, en la dissuadant du mariage, Pascal n'obéirait-il pas au plus pur esprit du Jansénisme ? Si l'amour, l'amitié, toutes les affections humaines paraissaient à Port-Royal et à son impétueux disciple, autant d'attachements damnables, que sera-ce du mariage ? Le mariage est l'institution ennemie entre toutes : c'est contre le mariage ravisseur qu'il faut avant tout protéger les âmes sans défense. Il faut lire l'étrange lettre qu'écrivait la mère Agnès à son neveu M. Le Maître, sur la nouvelle d'un mariage imminent pour lequel le futur religieux avait demandé l'approbation de sa tante : .... « Vous

» voulez, lui écrit-elle, devenir esclave. Vous direz » que je blasphème contre ce vénérable sacrement » auquel vous êtes si dévot ; mais ne vous mettez » pas en peine de ma conscience qui sait bien séparer » le saint d'avec le profane, le précieux d'avec l'abject, » et qui enfin vous pardonne avec Saint-Paul, et con- » tentez-vous de cela, s'il vous plaît, sans me deman- » der des approbations et des louanges. » Pascal sera plus violent encore. En 1659, apprenant que Madame Périer songe à marier sa fille, âgée de quinze ans, il ne trouvera pas assez de termes pour exprimer son indignation. Y songe-t-on ? « Engager, » ce sont ses propres paroles, « une enfant de son âge, de son inno- » cence et même de sa piété à la plus périlleuse et » la plus basse des conditions du christianisme ! — » Les maris, ajoute-t-il, quoique riches et sages sui- » vant le monde, sont en vérité de francs païens » devant Dieu... » Enfin, « engager une enfant à un » homme du commun c'est une espèce d'homicide et » comme un déicide en leurs personnes. » — Et ainsi en détournant la sœur de son ami de s'engager à « la plus basse des conditions », Pascal ne servira proprement pas l'intérêt d'une secte ; il croira travailler au salut d'une âme en péril, il lui semblera obéir à la voix même de l'Eglise.

Avant de poursuivre, avant d'entamer la lecture des Lettres elle-même, il importe d'être fixé sur une question que l'on a cru devoir soulever et que plusieurs critiques ont résolu un peu témérairement, Pascal a-t il aimé Mademoiselle de Roannez ?

C'est là une pure hypothèse que rien, absolument rien, n'autorise. On a beau presser les Lettres dans tous les sens, on ne saurait y découvrir une seule ligne, un seul mot qui autorise une telle conjecture. En retour, toutes les raisons positives tendraient à établir le contraire D'abord, il ne connut Mlle de Roannez que relativement tard, au moment où il était devenu indifférent aux choses humaines. — De plus, à supposer même qu'il l'eût connue et aimée, à l'époque de sa vie mondaine, comment expliquer que lui, l'ami intime du duc, lui, dont le nom était célèbre déjà, il ne l'ait pas recherchée et obtenue? — Quant à soupçonner un seul instant qu'il ait poussé celle qu'il aimait au cloître, par dépit de s'être vu rebuté, c'est faire injure au grand caractère de Pascal. Ce serait un contre-sens historique; disons plus, un sacrilége.

On peut aller plus loin encore. Tout porte à croire, comme estime Ste-Beuve, que si Pascal devina et comprit l'amour, témoin son admirable traité, du moins il ne le connut jamais. De la vie mondaine il vit les côtés brillants, il n'en sut pas les dessous passionnés. Non, Pascal ne connut que les âpres joies de la souffrance et les effusions de la mysticité. Son cœur ne brûla point pour une beauté mortelle. Si Pascal aima Mlle de Roannez, ce fut comme il aimait cette belle mendiante de seize ans qu'il rencontra sur son passage, à la porte de l'église. A l'idée des dangers que cette jeune fille courait, il s'émut, s'informa de sa détresse; il la conduisit chez un vieux prêtre de ses amis, lui fit remettre de l'argent pour se munir de tout ce dont elle avait besoin. Au prêtre ravi d'admiration il refusa même de faire savoir son nom. Trait admirable de charité et de candeur. — Seulement, envers Mlle de Roannez cet amour de chrétien s'est agrandi : il s'agit de soutenir contre le mal une grande cause. C'est le jansénisme tout entier, si fort et si austère, qui veut absorber le monde faible et flottant. De là dans cette conversion dernière entreprise par Pascal, une ardeur plus grande qui a pu donner le change sur ses sentiments véritables. De là cette éloquence de l'imagination et du cœur qui souleva des tempêtes dans l'âme de la jeune fille. Mais à vrai dire, Pascal n'aimait alors que Dieu.

IV

LES LETTRES.

Quelque regrettable que soit la perte des lettres que Mlle de Roannez écrivait en réponse à Pascal, il est aisé de suppléer à son silence. Les lettres de Pascal nous laissent assez entrevoir ce qu'elle dût penser et sentir. C'est comme un dialogue dont nous n'entendrions qu'un interlocuteur, mais un interlocuteur impatient et prompt qui reprendrait pour les mieux combattre toutes les reparties qui lui sont faites. Des débuts de lettres tels que ceux-ci : « Je ne sais comment vous aurez reçu la » perte de vos lettres. Je voudrais bien que vous l'eussiez prise comme il faut ; » — ou « Il est bien assuré » qu'on ne se détache jamais sans douleur ; » ou encore « Je plains la personne que vous savez, dans » l'inquiétude où je sais qu'elle e-t » ne sont-ils pas pour nous des traits de lumière? C'est ainsi que dans les seules lettres de Pascal nous pouvons lire les réponses qui lui étaient adressées. Le souci qu'il prend de lui rendre courage, ses douces paroles pour la consoler nous apprennent au long tout ce qu'elle souffrit.

Pascal a été peut-être le plus grand polémiste non seulement de notre littérature mais aussi de tous les pays et de tous les temps. Quoiqu'il dise ou qu'il écrive, un souffle de combat l'anime. Tout en ses mains se change en armes et s'affile comme un glaive. Une étude piquante à faire serait de rechercher à quels traits, dans les lettres mêmes à une jeune fille, le jouteur des Provinciales qui s'attaque à un grand corps, le duelliste à mort des Pensées qui terrasse le sceptique et au besoin luttera contre lui-même pour écraser en soi le malin, est encore reconnaissable. Mais ici ni l'ironie, ni l'invective ne seraient de mise ; il faut une obsession plus douce. Il fera appel aux sentiments les plus profonds de la jeune fille, il maniera toutes les cordes de ce cœur, comme un luthier son luth, jusqu'à ce qu'enfin il l'emporte de haute prise et s'en trouve maître à jamais.

Ce sont d'abord comme des escarmouches d'avant-garde. Le miracle a eu lieu ; la grâce a déjà pénétré de sa douce influence la jeune mystique. Pascal veut en entretenir et comme en arroser les effets par de pieuses lectures : « Je suis ravi, lui écrit-il, de ce que » vous goûtez le livre de M. de Laval et les Méditations » sur la Grâce, j'en tire de grandes conséquences, pour » ce que je souhaite. » Il l'entretient de controverses pieuses et la félicite de son orthodoxie : « Je loue de » tout mon cœur le petit zèle que j'ai reconnu dans » votre lettre pour l'union avec le pape. Le corps n'est » non plus vivant sans le chef que le chef sans le » corps. » Ce sont là comme les premiers attraits qui durent séduire cette femme qui aimait à raisonner sa foi et qui sans doute, comme c'était la manie d'alors, manie dont les lettres de Madame de Sévigné et de Madame de Grignan attestent la persistance, se plaisait aux questions subtiles auxquelles les choses religieuses se prêtent plus encore que les choses artistiques et littéraires. Ennuyée qu'elle était d'une vie monotone dans un monde de fades plaisirs, elle était séduite par le rêve d'une existence toute de recueillement, de lectures édifiantes et de pieuses discussions.

Mais du rêve à la réalité il y a si loin ! Que de fois par l'imagination ne nous sommes-nous pas arrangé mille aventures en des pays lointains, aventures devant lesquelles nous aurions vite reculé, s'il avait dépendu de nous de les affronter véritablement ! De même, quand Pascal insista pour attirer Mlle de Roannez au Désert, elle devint peu à peu moins sûre d'elle ; son courage faiblit : elle douta de ses résolutions. Ce sont d'abord de petites craintes, de petits riens, dirions-nous aujourd'hui. Si les lettres allaient être surprises ! Si l'on avait soupçon de son dessein, comment supporter le courroux d'une mère ? Aussi faut-il voir comme Pascal la gourmande. Quand donc sera-t-elle délivrée de préoccupations indignes d'arrêter son esprit ? Craintive femme qu'elle est, une grande épreuve ne l'intimiderait pas ; mais l'idée d'un reproche la déconcerte ! Elle est résolue, dit-elle, à quitter brusquement le monde et sa mère ; mais elle sent qu'une caresse, une larme la retiendraient à jamais ! — Peu à peu cependant ses hésitations redoublent ; ses craintes changent d'objet. Ce n'est plus seulement l'appréhension toute nerveuse d'une scène d'affliction qu'elle serait obligée de subir. Elle se redoute elle-même ; elle craint le langage de sa tendresse filiale. Elle se demande peut-être si délaisser ainsi ceux qui l'aiment pour aller à des inconnus ce n'est pas mal faire. Il semble même qu'elle s'adresse des questions plus graves encore. Port-Royal n'est pas seulement une austère retraite, c'est aussi, c'est surtout un champ de guerre. Or, dans cette lutte si prolongée, où l'Eglise elle-même hésita d'abord (un pape demeura tout un jour en suspens), la bonne cause est-elle si évidente ? Telles étaient les pensées qui arrêtaient Mlle de Roannez, ou plutôt elle ne pensait à rien, elle ne considérait rien Elle n'écoutait que son imagination toujours changeante et son cœur partagé.

Telle était la femme que Pascal voulait gagner : une volonté vacillante, mais capable comme toutes les âmes faibles d'une passagère énergie, un esprit exalté par les méditations religieuses, un cœur avide d'émotions. Aussi les lettres de Pascal décèlent-elles sous le naturel un art infini. Jamais son éloquence n'a été plus persuasive.

C'est d'abord la compassion qu'il veut faire naître dans l'âme de sa néophyte. Il cherche à susciter en elle une pitié généreuse : « Je vois bien que vous » vous intéressez pour l'Eglise ; vous lui êtes bien » obligée. Il y a seize cents ans qu'elle gémit pour » vous. Il est temps de gémir pour elle et pour nous » tout ensemble, et de lui donner tout ce qui nous » reste de vie. » Lui donner tout ce qui nous reste de vie, c'est-à-dire nous retirer au Désert, car, par une sorte d'artifice, Port-Royal et l'Eglise sont ici confondus. Dans ce temps surtout où la cause de Dieu c'est-à-dire la cause Janséniste est menacée, c'est lui venir en aide que de se ranger ouvertement pour la vérité. « Sans mentir, Dieu est bien abandonné. » Il me semble que c'est un temps où le service qu'on » lui rend est bien agréable... Comme un prince » chassé de son pays par ses sujets a des tendresses » extrêmes pour ceux qui lui demeurent fidèles

» dans la révolte publique, de même il semble que » Dieu considère avec une bonté particulière ceux » qui défendent aujourd'hui la pureté de la reli- » gion et de la morale qui est si fort combattue. »

Après l'avoir émue, Pascal cherche à l'éblouir. Pour cela il s'efforce d'ébranler son imagination, en flattant sa croyance au miraculeux. En cela, du reste, il était lui-même sincère. N'était-ce pas la théorie même qui tenait au cœur du Jansénisme, que Dieu aveugle comme à dessein les autres hommes pour ne se montrer qu'à un petit nombre d'élus? La grâce élimine ; la grâce choisit et son choix se révèle par des défis jetés à la nature. « Les mira- » cles, dit ailleurs Pascal, montrent Dieu et sont un » éclair. » Or, Mlle de Roannez est une de ces élues en qui la grâce a pénétré de préférence. Depuis la guérison de la Ste-Epine, tout n'a-t-il pas été miracle autour d'elle et en elle ? C'est un miracle que la conversion encore récente de son frère, le duc de Roannez. Et le mouvement soudain produit dans son cœur, à elle même, lors de sa neuvaine à Port-Royal, ses larmes et ses soudaines aspirations vers la sainteté, n'est-ce point un miracle aussi ? Comment, dès lors, demeurer sourde à ces divers appels ? « Il y a si peu de personnes à qui Dieu se fasse » entendre par ces coups extraordinaires qu'on doit » bien profiter de ces occasions... Rendons-lui des » grâces infinies de ce que, s'étant caché en toute » chose pour les autres, il s'est découvert en toutes » choses et en tant de manières pour nous. » (Notons en passant cette constante préoccupation orgueilleuse: nous sommes élus, non les autres). — Pascal fera plus encore ; il donnera un caractère merveilleux aux citations tirées des Ecritures et il en fera pour Mlle de Roannez autant d'ordres venus d'en haut. Dieu lui-même la conjure par la bouche des pères de ne point craindre, de demeurer ferme en ses desseins. Dans les psaumes ou dans les épîtres que l'Eglise lit au jour où elle reçoit la lettre de Pascal, elle doit reconnaître des avertissements surnaturels qui lui sont spécialement destinés: « Vous savez ce que » l'Eglise dit aujourd'hui avec St-Paul : — Seigneur, » achevez vous même l'ouvrage que vous même avez » commencé. » — Et ailleurs : « On dit aujourd'hui » à vêpres : — Prenez de nouvelles forces et ban- » nissez toute crainte : voici notre Dieu qui arrive » et vient pour nous secourir et nous sauver. » C'est ainsi qu'avec une habileté consommée, Pascal substituait à sa propre bouche la bouche divine et qu'il soulevait dans l'âme de la jeune fille tout à la fois la terreur et l'orgueil. La terreur : car était-il possible de résister à tant de sommations directes venues du ciel ? et l'orgueil, puisqu'enfin il était doux et flatteur de se voir éclairée des rayons de la grâce, au milieu des universes ténèbres et de devenir, dans ce monde de déshérités, l'objet des complaisances du Très-Haut.

La conversion devait avoir accompli déjà de singuliers progrès : un suprême coup de main va transformer l'attaque triomphante en définitif assaut. Tout n'était point fait encore : restait à apaiser toutes les craintes involontaires, les appréhensions de mille sortes qui troublaient Mlle de Roannez et paralysaient en elle toute énergie. C'est ici que le génie si souple et si fort de Pascal se montrera le plus inventif. Pour employer l'expression de Montaigne, il va recourir à un dernier tour d'escrime, tour désespéré qui devra ou tout perdre ou tout gagner. Au lieu de prodiguer à la future pénitente les consolations accoutumées en pareil cas, au lieu de lui représenter que toutes ces douleurs grossissent à être vues de loin, qu'à la longue il n'en restera rien, pas même le souvenir, Pascal, s'inspirant du plus fort esprit Janséniste, va faire précisément l'opposé.

Non, ces douleurs ne s'affaibliront pas et il ne faut pas qu'elles s'affaiblissent. Leur salut est à ce prix. Les troubles, les craintes, les angoisses redoublent dans la convertie : tant mieux ! C'est signe que la grâce descend. Ces peines mêmes que le fidèle ressent doivent faire sa félicité. La joie que l'on éprouve à vivre pour le monde est une fausse joie, toute de tristesse et d'amertume; au contraire, ce qui semble douloureux dans la vie du chrétien, voilà la joie digne de ce nom, la véritable béatitude. Il faut aimer cette guerre intérieure que nous nous livrons, il faut s'y complaire : car c'est précisément là qu'est la seule paix, paradoxe apparent que Pascal appuie de l'autorité des écritures et sur lequel il ne cesse de revenir; écoutons-le : « Il faut donc se résoudre à souffrir toute sa vie; car il n'y a point ici de paix. J. C. est venu apporter le couteau et non la paix (Math). Mais néanmoins on peut dire que cette » guerre qui paraît dure aux hommes est une paix » devant Dieu, car c'est cette paix que J.-C. a » aussi apportée. » Ailleurs encore: « St-Paul a dit » que ceux qui entreront dans la bonne voie trouve- » ront des troubles et des inquiétudes en grand nom- » bre. Cela doit consoler ceux qui en sentent, puisque, » étant avertis que le chemin du ciel qu'ils cherchent » en est rempli, ils doivent se réjouir de rencontrer » des marques qu'ils sont dans le véritable chemin. » Mais ces peines-là ne sont pas sans plaisirs et ne » sont jamais surmontées que par le plaisir. » Nous pourrions poursuivre les citations : car Pascal reprend de vingt manières cette idée éminemment mystique que les douleurs de la vie chrétienne surpassent en douceur tous les plaisirs imaginables. C'est ainsi, pour employer le langage pieux, que le chrétien reçoit avec reconnaissance *les croix* qu'il a plu à Dieu de lui envoyer. Que Mlle de Roannez se rassure donc par la même raison qui l'effrayait; qu'elle puise son courage dans ce qui faisait son inquiétude. Les troubles dont elle se plaint ne sont-ils pas le signe infaillible qu'elle revient à Dieu? Tous ces prétendus maux deviennent même à la longue pour le vrai chrétien une sorte de jouissance; c'est comme la saveur de la parfaite dévotion.

Pascal, on peut le dire, était maintenant maître de la jeune fille. Fascinée par ce regard, ravie par cette parole étrange, elle lui appartenait tout entière. Nous

ne savons s'il lui écrivit d'autres lettres. Ce qui est sûr c'est qu'il n'en était plus besoin. La neuvième et dernière résumait toutes les autres avec une force extrême. Dans cette lettre admirable, rien n'est omis; les images sont plus saisissantes, les avertissements plus énergiques; les citations mêmes s'imposent avec plus d'autorité. Pascal y annonce que les persécutions contre Dieu et contre les jansénistes redoublent, que des symptômes de malheur terribles apparaissent chaque jour. Et rappelant les menaces que J.-C. même a faites aux négligents qui regardent ces signes avec indifférence, il ajoute : — « Cette parole est étonnante:
» Quand vous verrez l'abomination dans le lieu où elle
» ne doit pas être, alors, que chacun s'enfuie sans ren-
» trer dans sa maison pour reprendre quoi que ce soit.»
« Il me semble que cela prédit parfaitement le temps
» où nous sommes, où la corruption de la morale est
» aux maisons de sainteté, et dans les livres des théolo-
» giens et des religieux où elle ne devrait pas être. Il
» faut sortir après un tel désordre, et malheur à celles
» qui sont enceintes ou nourrices en ce temps-là, c'est-
» à-dire à ceux qui ont des attachements au monde qui
» les y retiennent ! La parole d'une sainte est à propos
» sur ce sujet, qu'il ne faut pas examiner si on a voca-
» tion pour y demeurer, comme on ne consulterait
» point si l'on est appelé à sortir d'une maison pestifé-
» rée ou embrasée. »

Ce mouvement oratoire est d'une puissance à égaler les plus beaux qu'aient rencontrés un Bourdaloue ou un Bossuet. Comment hésiter encore devant une pareille mise en demeure? Que répondre à un aussi terrible langage? Mlle de Roannez ne répondit rien ; elle ne résista plus et c'est ainsi qu'après avoir fermement annoncé sa volonté à sa mère, « elle s'échappa
» un matin, nous dit Marguerite Périer, et alla à
» Port-Royal demander à y être reçue... Elle y entra
» et se mit au noviciat avec une ferveur extraordinaire
» sous le nom de sœur Charlotte de la Passion et y prit
» le petit habit. »

On serait épouvanté d'un art si parfait si l'on pouvait un seul instant douter que Pascal ait été sincère. Nous savons quel était l'état de son âme à la date qu'il écrivit et nous comprendrons que s'il fut si persuasif, c'est qu'il tirait ses arguments du plus profond de lui-même. Les sentiments dont il voulait pénétrer Mlle de Roannez personne n'en était plus pénétré que lui. Lui aussi, ses pensées et sa vie en font foi, n'aimait et ne rêvait que miracles. Lui aussi se plaît, jusqu'à en mourir, aux suaves douleurs de la vie chrétienne. Loin donc de se représenter Pascal disposant avec une perfide habileté les rets où viendra se prendre sa victime, il est plus juste de voir en lui un malade qui brûle et consume ceux qu'il approche du mal qu'il leur a communiqué. Parfois, du reste, il semble deviner l'involontaire malheur qu'il va causer; il s'apitoie sur les angoisses de celle qu'il veut convertir et il laisse quelque cours à ces « tendresses infinies » dont on a dit que son cœur était plein : « Je « vous dirai sur le sujet de la personne que vous sa- « vez, qui me mande qu'elle a bien des choses qui « l'embarrassent, que je suis bien fâché de la voir en « cet état. J'ai bien de la douleur de ses peines et je « voudrais bien l'en pouvoir soulager. » L'homme dans Pascal était encore plus aimant que le janséniste n'était austère. Jamais un Arnauld n'eût trouvé de ces accents.

V

Dénouement

Pascal avait raison de gémir sur Mlle de Roannez. On ne saurait imaginer de destinée plus malheureuse. A peine eût-elle pris le voile à Port-Royal que sa mère, après de vaines tentatives pour obtenir qu'elle en sortit, la réclama bientôt de force. Des lettres de cachet lui furent accordées, et Mlle de Roannez fut contrainte de revenir. Elle n'en fit pas moins, il est vrai, le vœu de toujours vivre dans la retraite, et de se faire religieuse le plus tôt qu'elle pourrait. Peut-être le temps changea-t-il ses dispositions. Peut-être une entrevue habilement ménagée par sa sœur avec l'amant qui l'avait autrefois recherchée la laissa-t-elle sensible à tant de constance. D'ailleurs, depuis 1662 Pascal n'était plus là. Tant il y a qu'elle se fit relever de ses vœux et qu'en 1667 elle devint duchesse de la Feuillade. Port-Royal venait de voir sa proie lui échapper.

C'était là, au dire des Jansénistes, une désertion véritable, on ne la lui pardonna jamais. Arnauld cite dans une lettre ce « scandaleux exemple, » ce sont ses propres paroles, exemple fait pour effrayer les plus indifférents à la pensée de « semblables chutes.» Elle même, du reste, s'il faut en croire un véridique document, le recueil d'Utrech, reconnut et pleura bientôt sa faute et commença à en faire pénitence. « Dieu lui « offrit, ajoute ce document, divers moyens de la faire, « qu'elle accepta avec joie.» Veut-on savoir quels sont ces moyens ? Le recueil d'Utrecht va nous l'apprendre : « Le premier enfant qu'elle eut ne reçut point le « baptême. Le second vint au monde tout contrefait. « Le troisième fut une fille naine qui mourut à l'âge « de 19 ans.» Enfin, atteinte elle même d'un cancer au sein, elle mourut misérablement, dit M. Cousin, « chargée des anathèmes de Port-Royal, malheureuse « et désespérée d'avoir été une fille soumise et une « épouse irréprochable.»

A tant de maux, en effet, à cette lente et cruelle agonie s'étaient joints les remords d'une conscience aveuglée. Il lui semblait toujours entendre la grande voix de Port-Royal lui reprochant avec une froide colère son apostasie et lui prédisant pour une autre vie des maux plus redoutables encore. Vainement à son lit de mort elle avoua qu'elle aurait préféré languir paralytique à Port-Royal plutôt que de vivre, comme elle avait fait, dans l'éclat de la fortune. Vainement elle légua trois mille livres à l'abbaye pour permettre d'y recevoir une sœur converse qui tint sa place. « Port Royal inflexible, dit M. Havet, n'a pas eu pour elle une parole d'attendrissement.» Que dis-je ? Après sa mort, elle n'a pas trouvé grâce même devant ce frère qu'elle avait trop aimé. Non content de la maudire vivante, et de la renier comme indigne, il fit en sorte que rien d'elle ne subsistât. Grâce à lui, les lettres de Mlle de Roannez ont été détruites et les lettres de Pascal ne nous sont parvenues qu'anonymes et mutilées. S'il eût été possible, le Jansénisme aurait anéanti jusqu'à la trace de cette existence.

Un tel récit dispense de tous les commentaires. Sans oublier le respect auquel Port-Royal a droit par ses propres malheurs et par ses vertus, comment ne pas déplorer cette politique inexorable qui lui fit briser une innocente vie ? Quant à Pascal, on ne songe plus guère en lisant ses lettres à étudier l'art merveilleux avec lequel il sut porter la guerre dans une âme faite pour de pacifiques émotions. L'éloquence dont elles brillent nous touche moins Peu à peu, surtout après ce sombre dénouement, je ne sais quelle tristesse nous gagne, et notre admiration fait place à la pitié.

www.ingramcontent.com/pod-product-compliance
Ingram Content Group UK Ltd.
Pitfield, Milton Keynes, MK11 3LW, UK
UKHW020518180726
13839UKWH00005B/2169

9 782329 452920